I0625412

BIZCOCHO DOMINICANO

Rellenos & Suspiro

Colección de Recetas

First Edition 2023

Cakedominicano.com

Copyright by Cindy Eloisa Rodriguez

Cindyerod- Design & Art Studio

C.E.R. Publishing

Cindy Eloisa Rodriguez ha hecho valer sus derechos a ser identificada como la autora del texto de este libro con todos los derechos reservados. Ninguna parte de esta publicación puede ser reproducida, almacenada en un sistema de recuperación o transmitida en cualquier forma o por cualquier medio, electrónico o mecánico, por fotocopia, grabación o de otro modo, sin el permiso previo por escrito de la autora. Las imágenes gráficas, tipos de letras y las plantillas utilizadas en la creación de esta publicación fueron creadas usando canva como herramienta. El resto de la terminación de este libro fue hecho en el programa Publisher de Affinity. La autora ha hecho todo lo posible para garantizar que todas las instrucciones en el libro sean precisas. El lector debe leer cada receta y los pasos cuidadosamente antes de empezar, como tomar las medidas de precaución necesarias.

Recetas de: Cindy E. Rodriguez

ISBN 979-8-218-28213-4

Dedico este libro ...

A todas mis estudiantes que llegaron a mi por medio de talleres presenciales, cursos online y a traves de mi blog de recetas. Con su apoyo cambiaron mi vida, y me abrieron las puertas a oportunidades maravillosas.

Contenido

Parte 1
Lista de Materiales & Ingredientes

Lista de Materiales

Para facilitar el batido, yo uso una máquina de batir de buena calidad. La piezas que más van a usar es la paleta y el globo.

Es muy importante que conozcan el horno que van a usar para la repostería. Aseguren que la goma alrededor de la puerta esté en excelente condición, y que el horno está calentando correctamente.

Si eres olvidadiza como yo, te recomiendo que uses un temporizador de horno. Como también que inviertas en un termómetro del horno aunque tu estufa ya lo tenga.

Moldes de pasteles de buenas marcas para evitar que se óxiden. Los tamaños que uso son 2 moldes 10x2 para una libra de bizcocho, 2 moldes 8x2 para media libra & 1 molde 10x4.

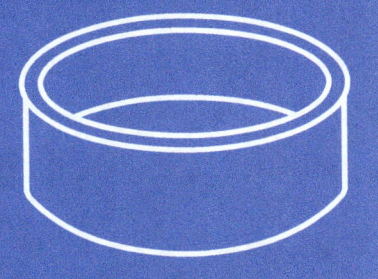

Lista de Materiales

 Set de cucharas de medir con
las medidas:
1 cucharada
1 cucharadita
½ cucharadita
¼ cucharadita

Una taza de medir liquidos
de 8 onzas.

 Un set de tazas de medir ingredientes
secos. Estos usualmente vienen en 4
con las medidas:
1 cup
½ cup
⅓ cup
¼ cup

Para cernir (tamizar) la harina,
van a necesitar un bol y el
cernidor.
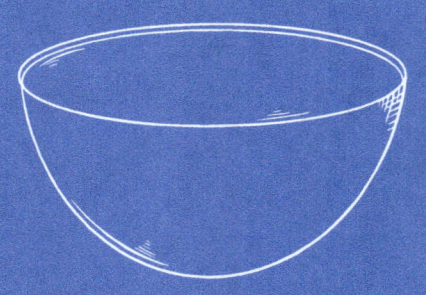

Lista de Materiales

Yo uso dos espátulas de goma. Una para la masa, y la otra para el suspiro.

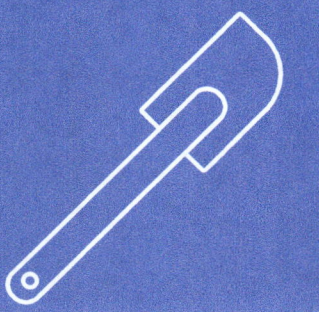

Prefiero usar spray de hornear envés de mantequillar y harinar el fondo de mis moldes. Ustedes pueden usar el método que más les guste.

Varias cosas que tendrán que usar es guantes de cocina, algo para recogerse el cabello, guantes desechables si van hacer bizcochos para el público y jamás usar ropa que atrae pelusas.

Una caserola con brazo solamente para hacer suspiro. También un termómetro de caramelo y una cuchara de madera.

Lista de Ingredientes

Van a encontrar que la mayorías de las recetas en este libro usa harina de todo uso. También hay recetas usando harina de bizcochos.

Harina

Yo uso mantequilla de la mejor calidad para mis bizcochos.

Huevos extra- grandes y a temperatura ambiental.

la azúcar granulada blanca es la que más uso. Pero si van hacer un volteado de Piña es mejor usar harina morena para hacer el almíbar.

Lista de Ingredientes

 Para la masa del bizcocho pueden usar vainilla blanca o vainilla negra. Pero para el suspiro, es mejor solo usar la blanca. Pueden también usar extracto de almendra.

Pueden usar jugo de naranja, jugo de piña o leche para hacer la receta del bizcocho Dominicano.

 Yo uso ralladura de limón en mi masa de bizcocho, y cáscara de limón cuando hago el suspiro.

Polvo de hornear de doble acción.

Conversiones de Peso

1 cucharada = 14g

1 cucharadita = 5g

1 Libra (Lb.) = 453g

1 taza de harina = 125g

1 taza de azúcar = 200g

2 barras de mantequilla = 227g

1 taza de líquido = 250ml (8 oz)

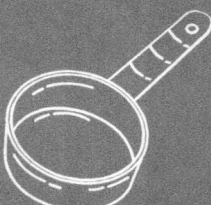

Temperatura de Horno

Fahrenheit		Celsius
300 F	⟷	150 C
325 F	⟷	160 C
350 F	⟷	175 C
375 F	⟷	190 C
400 F	⟷	200 C

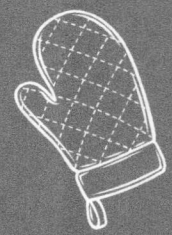

Parte 2
Bizcocho Dominicano

La Historia del Bizcocho Dominicano

El Bizcocho Dominicano es uno de los descendientes del bizcocho llamado "Pound Cake" muy americano pero originalmente británico. El nombre "Pound Cake" (Bizcocho de Libra) fue llamado así por el hecho que el bizcocho contenía una libra de cada ingrediente (harina, mantequilla, azúcar y huevos). En los años 1700s donde muchos no eran educados en la lectura, esta simple combinación era fácil de recordar.

Con el tiempo agregaron líquido y levadura para así cambiar la textura y obtener un bizcocho más liviano. Muchos países acomodaron la receta con los productos que eran mas populares en su cultura y paladar. La Republica Dominicana no fue la excepción, y también se adaptaron a crear lo que hoy consideramos el mejor bizcocho del mundo; obviamente sin ignorar que nuestro bizcocho es la nieta del bizcocho de libra.

Con tantas recetas y variaciones ¿cómo saber cuál es el bizcocho Dominicano?

Si una 'libra' lleva menos de 9 huevos extra-grandes, entonces ya no es un bizcocho Dominicano- están haciendo entonces un bizcocho de vainilla o mantequilla normal. Recuerden, la receta debe tener una libra de mantequilla, azúcar, harina, huevos y líquido. También debe llevar el famoso extracto de vainilla dominicana. Estos puntos hace la receta auténtica; seguido con la realización de los pasos en el mezclado, y la conservación después que hemos horneado el pastel, es que logramos obtener una masa con textura suaves, esponjosa y mojadita- esto es lo que hace este bizcocho especial.

En este libro, les comparto varias recetas del bizcocho Dominicano comenzando con la mía. Traten todas hasta encontrar su favorita. Al final del libro les agrego páginas vacías para que ustedes agreguen más recetas a la colección.

Bizcocho Dominicano- Mi Receta

Ingredientes para 1 Libra:

4 barras (1 lb.) de mantequilla con sa

2 tazas (1 lb.) de azúcar granulada

12 huevos extra-grande

4 tazas (1 lb.) de harina de todo uso

2 cucharadas de polvo de hornear doble acción

1 tazas (8 oz.) de jugo de piña o leche

1 cucharada de vainilla Dominicana

1 cucharada de ralladura de limón

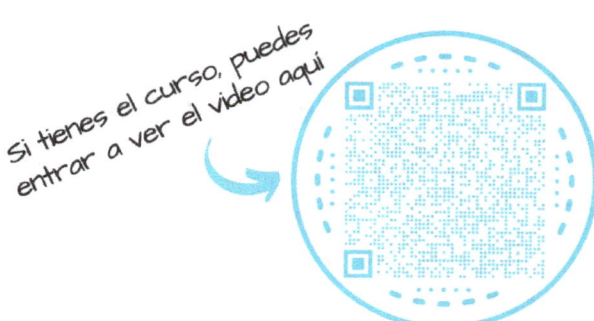

Si tienes el curso, puedes entrar a ver el video aqui

Antes de empezar es importante que tengas todos los siguientes pasos:

• La mantequilla y los huevos deben estar a temperatura ambiental

• Separar 6 huevos (ósea, las yemas de las claras- reservar las claras para hacer el suspiro) & dejar 6 huevos enteros

• Medir el azúcar

• Cernir la harina *antes* de medirla

• Medir & cernir el polvo de hornear (unir con la harina)

• Medir el jugo (o la leche)

• Medir el extracto de vainilla (puedes usar 1 ó 2 cucharadas)

• Rallar el limón (si lo van a usar)

• Preparar dos moldes redondos 10x2 (o tres moldes 8x2) con el spray de hornear

• Precalentar el horno a 350F 15 minutos antes de entrar los bizcochos

Preparación del bizcocho Dominicano:

- Poner la máquina de batir a velocidad #2 y agregar la mantequilla. Aumentar la velocidad a #4 o #6 y dejar que bata por 7 minutos. Echar el azúcar en forma de lluvia y dejarlo batir por 10 minutos. Durante la cremación, no olviden parar o bajar la velocidad de la máquina varias veces para limpiar los lados del bol y asegurar una cremación uniforme.

- Pasado los 10 minutos, baja la velocidad al mínimo (stir), y empiezas a echar las 6 yemas- una a una, dejando batir bien en cada proceso. Luego le echas los siguientes 6 huevos enteros, de igual forma- uno a uno, dejando batir bien en cada proceso.

- Completado este paso, inmediatamente comienzas a echar la mezcla de la harina con el polvo de hornear alternando con el jugo (o la leche). Siempre empezando y terminando con la harina (para evitar que la mezcla se corte). Agregar la vainilla. Batir solo hasta que se incorpore bien la mezcla, pero con cuidado de no sobre batir (unos 10 segundos a velocidad #4). Apaga la máquina por completo. Limpia el bol en los lados con la espátula de goma, y asegura que la mezcla del fondo y los lados se incorporen bien. Si deseas echarle la ralladura de limón, lo puedes hacer en los últimos 10 segundos de batido o de forma envolvente con una espátula de goma.

- Dividir la mezcla en los moldes preparados con el spray de hornear, y llevar al horno durante 30 minutos a 1 hora (dependiendo de su horno & el tamaño de los moldes). Antes de sacar el bizcocho del horno, insertar un palillo en el centro y si este sale limpio el bizcocho ya está horneando. Ponerlo sobre una rejilla a enfriar por 15 minutos, y después taparlo con plástico para que sude (este es el secreto para que la masa sea jugosa). Lo ideal es hacer el bizcocho la noche antes, y dejarlo tapado hasta el otro día. El bizcocho es más fácil trabajarlo cuando tiene un día de reposo, ¡aparte de que sabe mejor!

Consejo :

Es importante conocer su horno antes de usarlo. En esta receta dice llevar al horno por 30 minutos a 1 hora, y es porque cada horno calienta diferente. Les aconsejo que hagan varias pruebas con un termometro antes de hacer sus bizcochos. Tomen notas de los resultados, y asi evitar una masa cruda o una masa seca.

Bizcocho Dominicano de Media Libra- Mi Receta

Ingredientes:

2 barras de mantequilla con sal (a temperatura ambiente)

1 taza de azúcar granulada

6 huevos (3 huevos enteros y 3 yemas)

2 tazas de harina de todo uso (cernida)

1 cucharada de polvo para hornear

½ taza de leche ó jugo de piña

1 cucharada de vainilla Dominicana

Ralladura de limón (opcional)

Preparación:

Preparar todos los ingredientes antes de empezar. Preparar dos moldes 8x2 con el spray de hornear y precalentar el horno 350F. (Tal como les explico en la receta de 1 libra).

Poner a cremar a velocidad media la mantequilla con el azúcar y la vainilla hasta que espume y obtenga un color pálido. Baja la velocidad a 'stir', y agrega los huevos uno a uno dejando que cada uno se agregue bien antes de agregar el próximo. Agregar la mezcla de harina (con el polvo de hornear) alternando con el líquido. Parar la máquina por completo y con la espátula de goma limpiar los lados del bol.

Echar en los moldes preparados y llevar al horno por 25 a 30 minutos (o hasta que al introducir un palillo en el centro y este salga limpio).

1 libra sirve 25 personas
½ libra sirve 12 personas } Dependiendo de como se corta el bizcocho

Bizcocho Madre

Esta fue la receta que me dieron originalmente en un curso que tomé en el 2005. Es la receta **maestra** del *bizcocho de libra* donde se originó el bizcocho Dominicano.

Ingredientes:

1 Libra de Mantequilla

1 libra de azúcar

1 libra de huevos

1 libra de Harina

1 libra de Liquido de su preferencia

1 ½ cucharadas de polvo de hornear

¼ de cucharadita de sal

1 cucharada de extracto

¡De aqui nació mi receta bizcocho Dominicano, bizcocho borracho, chocolate, naranja, almendra, mi pudin y muchas de mis recetas!

Preparación:

- Cernir la harina, polvo de hornear y sal- medir y unir.
- Medir con una balanza de cocina todos los ingredientes.
- Preparar los moldes
- Precalentar el horno a 350 F.
- Poner a cremar la mantequilla con el azúcar a velocidad media por 15 minutos.
- Bajar la velocidad, agregar los huevos poco a poco.
- Agregar la harina, alternando con el líquido- terminando con la harina.
- Limpiar los lados del bol, agregar la vainilla y echar en los moldes preparados. Llevar al horno por 35 a 40 minutos.

Bizcocho Dominicano - Version 2

Esta receta me gusta hacerlo a una temperatura de 325 F. También lo saco del horno cuando aún le deja un poquito de mijas al palillo que se inserta en el centro. Me da una masa que yo llamo *'La Rubia'* por tener un color más clarito.

Ingredientes para 1 libra:

4 barras de mantequilla con sal (1 lb.)

2 tazas de azúcar granuladas (1 lb.)

10 huevos extra grandes (7 yemas & 3 enteros)

3 tazas de harina de todo uso (lugares cálidos usar 4 tazas)

2 cucharadita de polvo de hornear

1 taza de jugo de piña ó leche (8 onzas)

2 cucharadas de ron dominicano

1 cucharada de vainilla dominicana

Ralladura de limón (opcional)

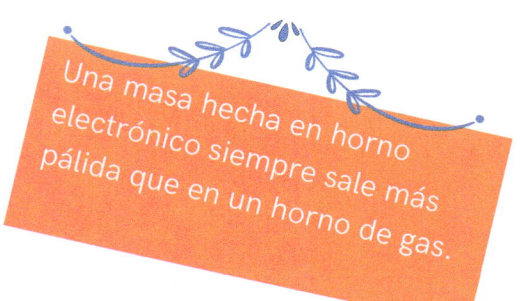

Una masa hecha en horno electrónico siempre sale más pálida que en un horno de gas.

Preparación:

Batir la mantequilla con el azúcar a velocidad #6 hasta que se ponga pálida y espumosa. Unir la harina con el polvo de hornear- cernir. Agregar la ralladura de limón a la mezcla de la harina. Echar la vainilla y el ron al jugo o la leche. Bajar la velocidad.

Agregar las yemas-uno a uno, y luego los 3 huevos enteros uno a uno. Rápidamente agregamos la mezcla de la harina, y alternamos con la mezcla de líquido. Terminando con la harina.

Echar en dos moldes 10x2 y llevar al horno precalentado a 325 F por aproximadamente 30 a 40 minutos. El centro debe estar horneado pero aun con mijas (no húmeda) al insertar el palillo en el centro. Sacar del horno, y tapar hasta que se enfríe por completo.

Bizcocho Dominicano - Version 3

Yo le llamo a esta receta '**la usurpadora**', ya que es hecha con la cremación normal, pero obtienes una masa parecida al pudin dominicano sin tener que batir las claras aparte. Estoy segura que terminarán usándolas siempre.

Ingredientes:

½ lb. mantequilla sin sal, a temperatura ambiental

½ lb. margarina, a temperatura ambiental

1 lb. (2 tazas) azúcar granulada

9 huevos extra grandes (5 enteros, 4 yemas)

1 lb. harina para bizcocho (*no harina* de todo uso), cernir dos veces

2 cucharadas de fécula de maíz, cernir y unir con la harina

2 cucharaditas de polvo de hornear, cernir y unir con la harina

4 oz de leche evaporada

4 oz de agua (unir con la evaporada)

2 cucharadas de vainilla dominicana

1 cucharada de ron dominicano

1 pizca de sal, unir con la harina

Ralladura de limón

Preparación:

Preparar dos moldes de 10x2. Precalentar el horno 350 F. Cremar la mantequilla y margarina con la azúcar a velocidad alta por 10 minutos o hasta que esté pálida y espumosa. Bajar la velocidad, y agregar las yemas uno a uno, después los huevos enteros uno a uno. Agregar ahora la mezcla de harina, alternando con la leche- terminando con la harina. Al final, agregar la ralladura de limón, el ron y la vainilla. Echar en los moldes. Llevar al horno precalentado a 350 F por 40 minutos o hasta que al entrar un palillo en el centro este salga limpio. Bizcocho es de 1 libra.

Bizcocho Dominicano - Version 4

Esta masa lleva más de una libra de harina, la cual te dará una masa más firme-ideal para cubrir con fondant. Antes de cubrirlo, me gusta bañar el bizcocho con jarabe para darle un paladar más suave sin quitarle la estabilidad.

Ingredientes:

1 lb. (452 g.) mantequilla con sal, a temperatura ambiental

1 lb. (2 tazas) azúcar granulada

10 huevos grandes (5 yemas, 5 enteros)

1 ½ lb. harina de todo uso, cernir

2 cucharaditas de polvo de hornear, cernir y unir con la harina

¾ taza de jugo de naranja Tang (or jugo Rica de naranja en Republica Dominicana)

¼ taza de leche regular (no usar 2% o menos)

2 cucharadas de vainilla dominicana

1 cucharada de ron dominicano

1 cucharada de ralladura de limón o naranja

Preparación:

- Precalentar el horno 350 F. & preparar los moldes
- Medir todos los ingredientes antes de empezar.
- Crema la mantequilla con la azúcar y vainilla/ron a velocidad media por 10-12 minutos o hasta que pierda el color y se vea espumosa.
- Baja la velocidad al mínimo, y agregar los huevos uno a uno.
- Alternar la harina primero con el jugo, después la leche- terminando siempre con la harina.
- Agregar la ralladura al final. Asegúrate de limpiar los lados y el fondo está bien incluido con el resto de la mezcla.
- Lleva al horno precalentado por 35 a 40 minutos o hasta que al introducir un palillo en el centro del bizcocho y este salga limpio.

Receta del jarabe: ½ taza de azúcar granulada & ½ taza de agua.

En una cacerola, llevar a fuego medio la azúcar con el agua. Mover para ayudar que la azúcar se disuelva, y después dejarlo hervir por unos 3 minutos. Retirar del fuego, dejar enfriar. Lo puedes guardar en la nevera por una semana.

Parte 3
Variaciones del Bizcocho

Bizcocho Borracho

Ingredientes:

4 barras (1 lb.) de mantequilla con sal

2 tazas (1 lb.) de azúcar granulada

12 huevos (6 yemas/6 huevos enteros)

4 tazas (1 lb.) harina de todo uso, cernida

2 cucharadas de polvo de hornear, cernida

½ taza de Leche ó jugo

½ taza de ron

1 taza adicional de ron

1 cucharada de vainilla

½ cucharada de extracto de ron (opcional)

Ralladura de limón (opcional)

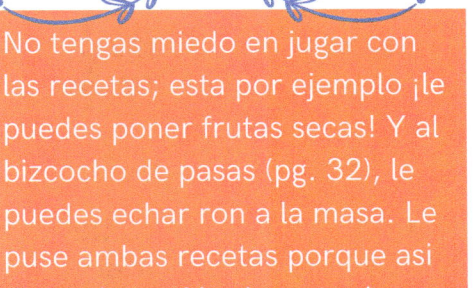

No tengas miedo en jugar con las recetas; esta por ejemplo ¡le puedes poner frutas secas! Y al bizcocho de pasas (pg. 32), le puedes echar ron a la masa. Le puse ambas recetas porque asi tienen la opción de tratar las recetas como son, y ustedes ¡incluir la magia!

Preparación:

Prepara el horno a 350F. Tener todos los ingredientes preparados y medidos antes de empezar. Preparar los moldes (dos 10x2) con el método que quieran (spray o engrasando y enharinando el fondo).

Poner a cremar la mantequilla y azúcar a velocidad media por 7 minutos. Pasados los 7 minutos, bajar la velocidad al mínimo y agregar los huevos uno a uno- primero las yemas y después los enteros. Alternar la harina con la leche, y después con el ron, termina con harina. Y por último, agregar los extractos. Limpiar los lados y mover el fondo del bol para asegurar que todo esté mezclado bien.

25

Echar en los moldes preparados, y llevar al horno precalentado a 350 F por 35 minutos o hasta que al introducir un palillo en el centro del bizcocho y este salga limpio. Sacar del horno y dejar reposar por 10 minutos. Bañar el pastel con el resto del ron.

Tapar y dejar enfriar.
Este pastel sabe mejor al otro día.
Esta receta es de 1 libra o pueden usar la mitad (½ lb.)

Bizcocho de Naranja

Este es mi bizcocho favorito, y por años lo combinaba con relleno de fresas. Ahora mi combinación es este bizcocho con relleno de crema pastelera y chinola. ¡Con solo pensarlo se me hace agüita la boca!

Ingredientes:

La receta del bizcocho dominicano de 1 ó ½ libra

Cambiar la leche/jugo de piña **por** jugo de naranja. Puedes usar jugo concentrado o jugo natural.

Ralladura de Naranja

Extracto de naranja (si lo tienen), ó dejar el extracto de vainilla (puedes también combinarla- mitad vainilla y mitad extracto de Naranja).

Preparación:

Sigan los pasos de mi receta del bizcocho dominicano.

Bizcocho de Almendra

Ingredientes:

La receta del bizcocho dominicano para 1 ó ½ libra

Cambiar la leche/jugo **por** Leche de almendra

1 cucharada de vainilla

1 cucharada de extracto de almendra

Preparación:

Preparar la masa exactamente como lo explico en mi receta de bizcocho dominicano. Lo que será diferente es el tiempo de horneado. La leche de almendra se evapora más rápido, así que la masa necesitará menos tiempo de horno (unos 10 minutos menos) y envés de 350 F bajar la temperatura a 325 F. Recuerden que antes de sacar el bizcocho del horno, revisen que esta listo introduciendo el palito en el centro y que salga limpio.

Bizcocho de Chocolate Dominicano

Si estan buscando un bizcocho de chocolate oscurito, esta **no** es la receta. El bizcocho de chocolate dominicano tiene un colorsito café con leche.

Ingredientes:

4 barras (1 libra) de mantequilla con sal

2 tazas (1 libra) de azúcar granuladas

12 huevos (6 yemas / 6 huevos enteros)

2 tazas de harina de todo uso (cernido/tamizado)

1 taza (8 onzas) de leche regular

4 cucharadas de leche en polvo, cernido

2 cucharadas de polvo de hornear, cernido

1 taza de cocoa amarga, cernido

1 cucharadita de extracto de almendra

1 cucharada de vainilla

Si están buscando una receta de chocolate obscurita, la que hago es nada mas y nada menos la que está detrás del envase de chocolate Hershey's. Es riquísima, y muy facil de hacer.

Preparación:

Prepara el horno a 350 F. Tener todos los ingredientes preparados y medidos antes de empezar. Juntar los ingredientes secos en un bol. Preparar los moldes con el método que quieran (spray o engrasando y enharinando el fondo). Poner a cremar la mantequilla y azúcar a velocidad media por 7 minutos. Pasados los 7 minutos, bajar la velocidad al mínimo y agregar los huevos uno a uno- primero las yemas y después los enteros. Alternar la mezcla de la harina con la leche, terminando en harina. Por último, agregar los extractos. Limpiar los lados y mover el fondo del bol para asegurar que todo esté mezclado bien. Echar en los moldes preparados, y llevar al horno precalentado a 350 F por 35 minutos o hasta que al introducir un palillo este salga limpio.

Bizcocho Mármol

Ingredientes:

Receta del bizcocho Dominicano de 1 lb. ó ½ lb.

1 barra de mantequilla (con sal ó sin sal- me da igual)

3 cucharadas de azúcar

10 cucharadas de cocoa amarga

Entre mejor sea el chocolate que uses- más rico sale este bizcocho o cualquier receta que lleve chocolate.

Preparación:

- Precalentar el horno a 350F.
- Preparar los moldes
- Hacer la receta del bizcocho dominicano.
- Derretir la mantequilla, agregar el azúcar. Muévelo hasta que el azúcar se disuelva. Echar la cocoa y mezclar todo.
- Para hacer la parte de chocolate en el efecto mármol deben sacar una taza de la mezcla del bizcocho Dominicano, unir la mezcla con la cocoa.
- En el molde ya preparado, echar la mezcla del bizcocho dominicano, y arriba echar la parte de la cocoa en forma circular, o zig zag. Con una espátula o un cuchillo de mesa moverlo un poco al efecto que te gusta.
- Llevar al horno a hornear por 40 mins si es 1 lb. (30 mins para ½ lb.) o hasta que al introducir un palillo este salga limpio.

Consejo:

Les recuerdo que el tiempo de horneado depende de su horno. Es posible que su bizcocho esta antes o después del tiempo que dice la receta.

Bizcocho de Canela

Ingredientes:

Receta del bizcocho dominicano de 1 lb. ó ½ lb.

Azúcar Morena

Canela Molida

Preparación:

Precalentar el horno a 325 F. Preparar los moldes, y hacer la receta del bizcocho dominicano. Mezclar el azúcar morena con la canela.

Antes de hornear, echar en un molde alto (10x4) la mitad de la mezcla del bizcocho. Espolvorea la mitad de la mezcla de azúcar/canela. Echa el resto de la mezcla del bizcocho, y terminan con el resto de la azúcar/canela arriba. Lleva al horno precalentado por 40 minutos para el bizcocho de 1 lb. (30 mins. por uno de ½ lb.) o hasta que al introducir un palillo en el centro este salga limpio.

Como este bizcocho estamos usando un molde más alto, es importante bajar la temperatura del horno o usar el método del clavo en el centro del pastel. Así el centro del pastel se hornea al mismo tiempo que los lados.

Bizcocho de tres o cuatro leches

Yo uso mi receta del bizcocho o pudín para hacer el pastel de tres o cuatro leches.

Para bañarlo, mi receta es:

1 lata de leche condensada

1 lata de leche evaporada

1 lata de crema de coco

1 lata de leche de coco

Pizca de sal & 1 astilla de canela

Pongo todo en una cacerola con una astilla de canela y una pizca de sal. Lo llevas a fuego medio y comienza a mover hasta que la leche condensada se disuelva. Saca la canela, y deja enfriar antes de bañar el bizcocho.

Bizcocho de Pasas

Este bizcocho es el mejor regalo de navidad que puedes hacer para compañeros de trabajo, vecinos o llevar como postre a una reunión. Puedes usar frutas secas, cerezas glaseadas (rojas y verdes) o pasas de uvas o usarlo todas. Pueden también agregar nueces, pistacho y nueces pecanas si les gusta.

Ingredientes:

Receta del bizcocho dominicano de ½ lb.

½ taza de pasas (ó usar otras frutas)

½ taza de almendras trituradas (ó usar más nueces)

½ taza de ron

½ taza de harina de todo uso, sin cernir

Entre mas días este las frutas secas con el ron jmas rico pone el bizcocho!

Preparación:

- El día antes de hacer el bizcocho, ponemos las pasas (o frutas secas) en el ron. Déjalo tapado en un lugar de la cocina, pero no lo pongas en la nevera.
- Al otro día, haz la mezcla del bizcocho dominicano.
- Mezclar las pasas con la harina, y tamizar para quitar el exceso.
- En forma envolvente incluir las pasas y almendras a la mezcla del bizcocho.
- Lo pones en un molde alto (10x4), usando el método del clavo para que la masa se hornee en el centro al mismo tiempo que los lados.
- Llevalo al horno precalentado a 350 F por 35 minutos o hasta que al introducir un palillo en el centro del bizcocho este salga limpio.
- Déjalo enfriar por completo antes de servir.
- Este bizcocho entre mas dias pasan, mas buenazo se pone.

Cupcakes

Ingredientes:

Receta del bizcocho Dominicano de 1 lb. ó ½ lb.

1 taza extra de harina de todo uso

Si encuentras que los cupcakes te salen muy grasosos, pueden ponerle arroz crudo en el fondo de los moldes antes de ponerle los envoltorios de papel. El arroz ayuda a succionar la grasa.

Preparación:

Precalentar el horno a 350F. Preparar los moldes de hacer cupcakes con los envoltorios de papel, y hacer la receta del bizcocho dominicano agregando la taza extra de harina.

Llevar al horno por 12-15 minutos o hasta que al introducir un palillo en el cupcake del centro y este salga limpio.

Dejar enfriar por completo antes de decorar.

Truquitos para cupcakes variados:

- Echar sprinkle para hacer confetti cupcakes.

- Pueden usar la receta de Canela y Mármol o cualquier otra para cupcakes usando la taza extra de harina.

- Pueden echarle pedazos de galletas, frutas secas, nueces y más. Solo deben mezclarlo con un poco harina antes de echarlo a la mezcla del bizcocho.

1 libra = 12 cupcakes

½ libra = 6 cupcakes

Aproximadamente (depende del tamaño que hagas)

Volteado de Piña

Ingredientes:

Receta del bizcocho Dominicano de 1 lb. ó ½ lb.

1 lata de piña en ruedas

1 frasco de cerezas

Pasas o arándano al gusto (opcional)

¼ taza de azúcar morena

5 cucharadas de agua

Preparación:

En el molde (10x4) donde hornearas el bizcocho, echar el azúcar morena con el agua y llevar a fuego bajo hasta que el azúcar se disuelva. Apagar la estufa, poner las ruedas de piña, cerezas y las pasas en forma decorativa en el fondo del molde. Llevar al congelador.

Hacer la receta de bizcocho Dominicano de ½ libra en la máquina de batir. Sacar el molde del congelador y echar la mezcla. Llevar al horno precalentado 350 F por 35 minutos o hasta que introducir un palillo en el centro del pastel, este salga limpio.

Sacar del horno, dejar reposar por 10 minutos y aun estando caliente, desmoldar en un plato. Dejar enfriar por completo.

Consejos:

Con el volteado de piña, es importante desmoldar el bizcocho aún estando caliente. De esta forma evitar que el sirope en el fondo del molde se enfríe y el bizcocho termine pegado y difícil de sacar.

Parte 4
Pudin Dominicano

¿Cuál es la diferencia entre el bizcocho y el pudin?

La diferencia está en el batido de las claras.

Ambas recetas llevan los mismos ingredientes: una libra de mantequilla, azúcar, harina, líquido, y huevos. Pero la forma de batido para el bizcocho Dominicano es poner la mantequilla a batir con la azúcar, echar los huevos uno a uno, y alternar los ingredientes secos con el líquido terminando siempre con los ingredientes secos... tal como se lo explico en mi receta de la lección 1.

Entonces, **¿Qué es el pudín Dominicano?**

El polvo de hornear no fue inventado hasta 1791, así que para que el pastel fuese más esponjoso, se batían las claras y se envolvían con el resto de la mezcla en forma envolvente.

Aunque el bizcocho dominicano viene de una receta británica, se usa el método de cremación popularizado en la pastelería americana y francesa. Mientras que el pudin con los mismos ingredientes continúa con la batición antigua en batir las claras e incluir en forma envolvente. El pudin sale aún más esponjoso, por el hecho de que estas usando el método de las claras batidas y también incluyes el polvo de hornear. Muchas recetas se le agrega féculas de maíz para darle una textura más delicada, aunque lo pueden incluir en el bizcocho Dominicano también.

¿De dónde viene la palabra 'pudín'?

Esta palabra es 'spanglish', viene de la palabra en inglés 'pudding'. Y aunque no lo crean, nada tiene que ver con el pastel en sí; más bien es la crema que la acompaña como relleno. Pudding, es una crema de vainilla o de chocolate que se come como postre, y se usa como relleno en pasteles.

En conclusión, el pudín lleva prácticamente los mismos ingredientes que el bizcocho Dominicano, solo que las claras se incluye ya batida, en forma envolvente con la mezcla y le ponen féculas de maíz para que la consistencia sea más delicada. Esa textura aterciopelada es lo que hace que este pastel sea el más solicitado en las bodas. En esta lección, les comparto mi colección de este pastel. Trate todas por lo menos una vez, hasta encontrar la que más les gusta.

Pudin Dominicano - Mi Receta

Ingredientes:

4 barras (1 lb.) de mantequilla con sal

2 tazas de azúcar granuladas

12 yemas de huevos

1 taza de jugo (piña/naranja) ó leche

3 tazas de harina de todo uso, cernida

1 taza de fécula de maíz, cernida

2 cucharadas de polvo de hornear

Las clara de 6 huevos (guardar el resto de las claras para el suspiro)

1 cucharada de Ron (opcional, pero muy recomendable)

1 cucharada de ralladura de limón ó naranja (opcional)

Preparación:

Precalentar el horno 325F. Preparar los moldes con el método que más les guste (spray o engrasado y enharinado el fondo o usando papel de hornear).

En un bol, poner todos los ingredientes secos (harina/polvo de hornear/fécula de maíz) y en una taza poner el jugo/leche con el ron.

Poner a cremar la mantequilla con el azúcar y la vainilla a velocidad media por 12 minutos, o hasta que espume y tenga un color pálido. Baja la velocidad al mínimo, y agrega las 12 yemas, una a una, dejando batir bien en cada proceso. Inmediatamente, empiezas agregar los ingredientes secos alternando con el jugo/leche con el ron- terminando con la harina. Parar la máquina, limpiar los lados del bol y el fondo. En otro bol, poner a batir las claras a punto de nieve. En forma envolvente con la espátula de goma unir la mezcla con las claras. Echar los moldes previamente preparados y hornear por 40 minutos al horno precalentado a 325 F.

Pudin de Novia

Ingredientes:

4 barras (1 lb.) de mantequilla sin sal, a temperatura

2 tazas (1 lb.) de azúcar granulada

8 huevos extra-grande, separado

4 huevos extra-grande, enteros

4 tazas (1 lb.) de harina de bizcochos, cernida (menos 5 cdas)

2 cucharadas de polvo de hornear, cernida

5 cucharadas de fécula de maíz (para remplazar las cdas que sacaste de la

harina)

¾ taza de leche ó jugo

1 cucharada de vainilla Dominicana

1 cucharada de Ron

Pizca de sal

1 cucharada de ralladura de limón (opcional)

Preparación :

Poner a cremar la mantequilla con el azúcar y la vainilla a velocidad alta (#8) por 12 minutos, o hasta que espume y tenga un color pálido.

Baja la velocidad al mínimo. Agrega las 12 yemas, una a una, dejando batir bien en cada proceso.

Inmediatamente, empiezas agregar los ingredientes secos alternando con la leche o jugo y el ron- terminando con la harina. Parar la máquina, y limpiar los lados del bol y el fondo.

En otro bol o con máquina de mano, batir las claras a punto de nieve. En forma envolvente con la espátula de goma unir la mezcla con la claras. Echar en dos moldes 10x2 y hornear por 40 minutos o hasta que al introducir un palillo, este salga limpio.

Pudin Pudin

Ingredientes:

3 barras de mantequilla con sal, a temperatura

1 barra de Margarina, a temperatura

2 tazas (1 lb.) de azúcar granulada

3 huevos enteros, a temperatura

7 yemas de huevos, a temperatura

3 ½ tazas de harina de todo uso, cernida

½ taza de fécula de maíz, cernida

2 cucharadas de polvo de hornear, cernida

½ taza de leche evaporada

½ taza de agua (unir con la evaporada)

1 cucharada de vainilla Dominicana

1 cucharada de Ron (opcional)

1 cucharada de ralladura de limón (opcional)

Preparación:

Precalentar el horno 350F. Preparar los moldes. Medir todo. Poner a cremar la mantequilla con el azúcar y la vainilla a velocidad alta (#8) por 12 minutos, o hasta que espume y tenga un color pálido. Baja la velocidad al mínimo. Agrega las 7 yemas y después los 3 huevos enteros, una a una,dejando batir bien en cada proceso. Inmediatamente, empiezas agregar los ingredientes secos alternando con la leche evaporada y al final el ron y la ralladura de limón- terminando con la harina. Parar la máquina, limpiar los lados del bol y asegurar que el fondo está bien incorporado. Llevar al horno por 40 minutos o hasta que al introducir un palillo en el centro- este salga limpio. Le dicen pudin pudin porque puedes usar cualquier método que quieras. Si deseas batir las claras aparte, simplemente incluye las 10 yemas durante la cremación, y bates las claras aparte e incluyes en forma envolvente. Reserva las 6 claras restantes para el suspiro. Esta receta es de doble cara, pero no traiciona.

Parte 5

Rellenos para Pasteles

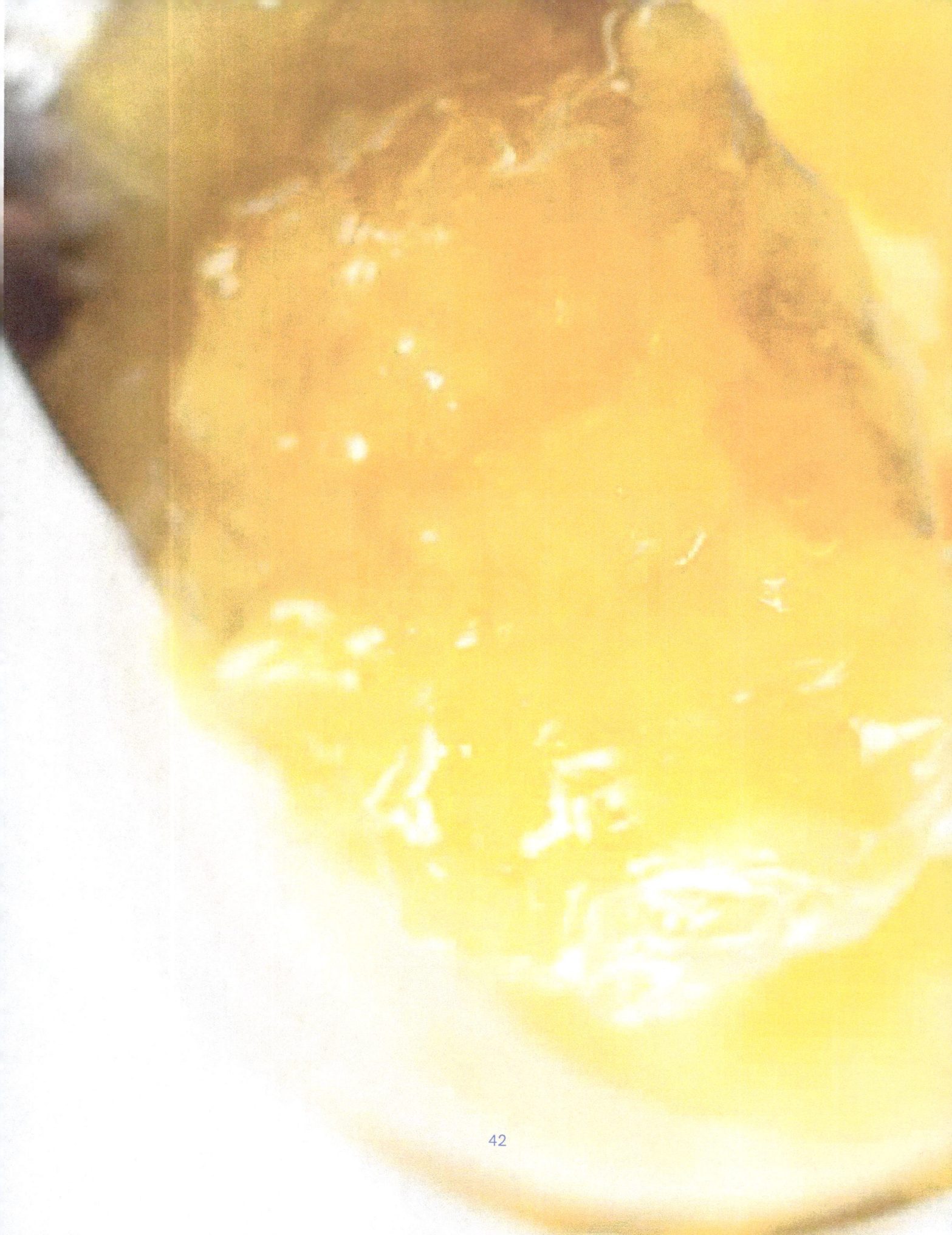

Relleno de Piña

Ingredientes:

1 lata de piña machacada

½ taza de jugo de piña

1 taza de azúcar

3 cucharadas de fécula de maíz (aproximadamente- es posible que necesites menos o más).

Preparación:

Licuar la piña con el jugo si quieres la consistencia de mermelada- saca 5 cucharadas de esta mezcla y ponlo aparte. El resto lo pones en una cacerola con el azúcar, y con un batidor manual moverlo hasta que el azúcar se incorpore.

Baja el fuego. Agrégale la fécula de maíz al jugo que sacaste aparte- mezclado bien y échalo a la cacerola. Mezcla bien para asegurar que se incorpore bien y no se hagan grietas. Cuando tenga la consistencia de mermelada- apaga por completo.

Con plástico de cocina, tapar la mermelada y dejar enfriar por completo. Guardar en la nevera. Yo usualmente hago este relleno 10 días antes de usarlo. Es uno de los más comunes en el bizcocho Dominicano.

Relleno de Chocolate

Ingredientes:

3 parte de chocolate semi-dulce

2 parte de crema pesada (heavy o whipping cream)

Preparación:

Poner el chocolate en un bol resistente al calor. Calentar la crema y echarlo al chocolate. Moverlo bien hasta que el chocolate se derrita por completo, taparlo y dejarlo a temperatura ambiente hasta que se ponga firme.

Relleno de Guayaba

Ingredientes:

1 taza de pasta de Guayaba

1 taza de agua

Azúcar al gusto

Preparación:

Poner todos los ingredientes en una cacerola, y llevar a fuego medio hasta que esté a punto de mermelada. Tapar bien y guardar en la nevera. Antes de usarlo, tendrás que calentarlo de nuevo para que tenga una consistencia más fácil de untar sobre el cake.

Relleno de Fresas

Ingredientes:

1 taza de fresas.

1 taza de ponche de frutas ó agua

1 astilla de canela (opcional)

Azúcar al gusto

Preparación:

Pones las fresas en un bol con vinagre y agua. Déjalos ahí por 20 minutos. Vuelves a lavar con agua. Ahora están listos para consumir. Cortar las fresas, y ponerlo en una licuadora con el ponche de frutas por 10 segundos. Echar en la cacerola con el resto de los ingredientes y llevar a fuego alto hasta que esté a punto de mermelada. Mover constantemente con un batidor manual para que no se pegue. Tapar con plástico de cocina, y dejar enfriar por completo. Guardar en la nevera.

Consejos:

No salten el paso de lavar las fresas con vinagre y agua. Las fresas contienen insectos en esos huequitos. La receta para el lavado es 1 parte vinagre con 1 parte agua. Puedes usar maicena para una consistencia más gelatinosa. Comienza con 3 cdas, y vas viendo si necesitas más.

Relleno de Chinola

Conocido también como Parcha/Maracuyá/Fruta de Pasión

Ingredientes:

2 tazas de chinola, concentrado

1 tazas de jugo de naranja, piña ó jugo de caña

½ taza de agua o Licor de Chinola (si lo tienen)

1 taza de azúcar (puede que necesites más)

Fécula de maíz (3 cdas ó más)

Preparación:

- Echar la chinola con el agua (o el licor), jugo y el azúcar en una cacerola y llevar a fuego alto. Con un batidor manual, moverlo para ayudar al azúcar a que se disuelva. Saca un poco (unas 5 cucharadas) y reserva.
- Al jugo que habías reservado, agrégale la fécula de maíz y ligarlo bien.
- Cuando la mezcla en la cacerola empieza a hervir, baja el fuego y agregale la mezcla que hiciste con la fécula de maíz. Con el batidor manual agitalo para ayudar a que no se agriete.
- Apagar el fuego, y tapar con plástico de cocina hasta que se enfríe por completo.
- Guardar en la nevera por 5 dias.

La primera vez que probé este relleno fue acompañado con la crema pastelera. Hasta ese momento el único relleno que me gustaba era el de fresas. Este de chinola con la crema pastelera es ahora mi favorito. Con el tiempo, he jugado y cambiado con la receta que me había compartido una colega.

Relleno de Dulce de Leche

Ingredientes:

2 latas de leche condensada (ó más)

Agua

Preparación:

Poner a hervir las latas de condensadas en una cacerola alta con agua por 2 horas. el agua debe sobrepasar y cubrir las latas. Pasadas las dos 2 horas, no las toque. Deja enfriar por completo. Hay personas que usan una olla de presión por menos tiempo. Pero tengan cuidado si deciden usarlo- me han contado horribles historias con este método.

Relleno de Piña y Naranja

Ingredientes:

1 taza (8 onzas) de piña licuada

1 taza (8 onzas) de jugo de naranja

Una poquito de ralladura de naranja

Azúcar al gusto

Fécula de maíz (3 cucharadas o más)

Preparación:

En una cacerola, mezclar la piña licuada con el jugo de naranja y azúcar. Sacarle un poco para mezclar con la fécula de maíz. Llevar la cacerola a fuego alto, y cuando empiece a hervir, baja el fuego y le agregas la mezcla con la fécula. Mezcla bien con el batidor manual para evitar que se agriete.

Cuando se espese, apagar el fuego y tapar con plástico de cocina hasta que se enfríe. Guardar en la nevera.

Consejos:

Pueden preparar este relleno 10 días antes de usarlo. Guardar en el refrigerador bien tapado. Pueden reemplazar el jugo de naranja por jugo de limón para un **relleno de Limón y Piña**. Si les gustan los rellenos con texturas, pueden agregar ralladura de limón o naranja. Solo que deben usar un rallador más fino.

Relleno de Naranja

Ingredientes:

1 taza de jugo de naranja (natural o concentrado)

1 cucharada de jugo de limón

Ralladura de 1 naranja

Ralladuras de medio limón

2 cucharadas de mantequilla con sal

Fécula de maíz (3 cdas ó más)

1 taza de azúcar

2 yemas de huevos

Preparación:

Lavar y secar las naranjas y el limón. Comenzar a rallar con cuidado para evitar el albedo (la parte blanca).

En una cacerola poner los jugos, ralladuras, mantequilla, azúcar y las yemas. Llevar a fuego alto, y mover con el batidor manual. Saca un poco de esta mezcla, y echarle la fécula de maíz- incorporarlo bien.

Cuando empiece a hervir, le baja el fuego y le agregas la mezcla con la fécula de maíz. Con el batidor manual agitar y mover para que se incorpore. Ya cuando espese la consistencia, apagar el fuego y tapar con plástico de cocina. Dejarlo enfriar. Guardar en la nevera.

Consejo:

Al rallar un limón o naranja, siempre es importante evitar la parte blanca (el albedo) cuando se esta rallando, ya que esta parte es amarga. Ese consejo va para cualquier receta que uses.

Relleno de Limón

Ingredientes:

Ralladura de un limón (amarillo ó verde)

1 taza de jugo de limón

2 tazas de azúcar granuladas

10 yemas huevos

½ taza de mantequilla

Preparación:

Este relleno se hace a baño Maria, que es poner a hervir agua en una olla grande, y dentro se pone un bol más pequeño con cuidado en que no entre el agua. El vapor del agua calentara el bol para cocinar los ingredientes.

Mientras el agua hierve, en el bol pones todos los ingredientes menos la mantequilla. Con un batidor manual se mezcla todo.

Mientras esté cociendo, debes de vez en cuando mover todo hasta que esté cuajada. Apaga el fuego, y cuela la mezcla. Agregamos mantequilla y llevamos nuevamente a fuego medio moviendo todo hasta que la mantequilla se incorpore. Deja que enfríe por completo a temperatura ambiente tapado con plástico de cocina. Llevar a la refrigeradora.

Este relleno es mejor hacerlo por lo menos un día antes de usarlo.

Este relleno es delicioso combinado con la crema pastelera. Entre los hispanos el relleno de limón es más popular en los postres 'shots' (vasitos con bizcochos que se usan en las mesas de postres en fiestas).

Relleno de Frambuesas

Ingredientes:

1 taza de frambuesas (yo uso frisadas, pero puedes usarlas frescas)

1 taza de agua

½ taza de azúcar granulada

1 cucharada de jugo de limón

Fécula de maíz (unas 3 cucharadas más o menos)

1 cucharada de extracto ó licor de frambuesas

Preparación:

Descongelar las frambuesas si están congeladas. Si usan frambuesas frescas, lavarlas bien con agua y vinagre antes de usarlas.

Poner las frambuesas con media taza de agua en la licuadora, y echarlo en la cacerola con el azúcar, el resto del agua, y el jugo de limón- llevar a fuego medio.

Sacarle un poco de este jugo, y agregar la fécula de maíz, mover bien y echarlo a la cacerola. Mueva con una espátula constantemente hasta que se ponga espeso.

Quitar del fuego, dejar enfriar por 10 minutos antes de agregar el extracto o el licor. Taparlo bien con plástico de cocina y guardarlo en el refrigerador.

Relleno de Mora:

Con esta misma receta, pueden reemplazar las frambuesas por mora. Lo único que cambia es que les recomiendo usar un colador para separar las semillas de la pulpa.

Relleno de Coco

Ingredientes:

4 barras (1 lb.) de mantequilla

6 tazas de coco rallado

5 tazas de crema pesada

2 ½ taza de azúcar granulada

Fécula de Maíz (4 a 5 cucharadas)

1 cucharadita de extracto de coco

1 cucharadita de extracto de vainilla

Preparación :

En una cacerola poner la azúcar, mantequilla y crema pesada a fuego medio. Mover hasta que el azúcar se disuelva. Sacar un poco de esta mezcla y agregarle la fécula de maíz (mezclarlo bien) y agrégalo a la cacerola. Continua moviendo hasta que espese. Retíralo del fuego, agregamos los extractos y en forma envolvente agregamos el coco rallado.

Relleno de Queso Crema con Whisky

Ingredientes:

1 lata de leche evaporada

1 lata de leche condensada

1 cajita de pudín instantáneo de vainilla

¼ taza de Whisky

½ taza de nueces (opcional)

Preparación :

En una cacerola poner la leche condensada, la leche evaporada y el pudin de vainilla. Lleva a fuego medio y mover hasta que espese. Deja enfriar por 10 minutos, agregale whisky. Si vas a usar las nueces, puedes triturarlo un poco si te gusta sentirlo o triturar hasta en polvo. Aunque esta receta en su nombre dice Whisky, también pueden usar cognac, brandy o ron. En otras palabras, usa lo que tengas.

Relleno de Tres leches

Ingredientes:

1 lata de leche condensada

1 lata de leche evaporada

1 lata de leche Crema (usa la lata de la leche evaporada para medir)

Fécula de maíz

1 cucharada de vainilla

Una astilla de canela

Preparación:

Poner en la cacerola todos los ingredientes- menos la fécula de maíz. Mover bien y llevar a fuego medio.

Sacar un poco de esta mezcla y agregarle la fécula de maíz. Mezclarlo bien.

Cuando la mezcla en la cacerola empiece a hervir, agrega la mezcla con la fécula de maíz. Con la cuchara de madera o una espátula de goma, agitar y mover hasta que empiece a espesar.

Quitar del fuego y tapar con plástico de cocina. Dejar enfriar antes de usarlo. Guardar en el refrigerador bien tapado.

Consejo:

Todos los rellenos de crema o de frutas que hagan deben ser tapados con un plástico de cocina. Lo importante de esto es que este plástico tiene que tocar las cremas para evitar que la parte de arriba se le haga una caspa.

Yo uso el bizcocho de Novia (pg. 39) para ponerle este relleno. Lo baño con un poquito del liquido de tres leches (pg. 31) antes de ponerle el relleno. Este bizcocho lo llamo **Bizcocho de Tres leches para fiesta**, ya que no tiene la leche corriéndole por todos los lados.

Relleno de Crema Pastelera

Ingredientes:

2 tazas de leche regular

2 taza de leche evaporada

1 taza de azúcar

fécula de maíz (cantidad necesaria)

¼ cucharadita de sal

1 cucharada de vainilla

Preparación:

Poner un poco de leche en una taza para agregarle la fécula de maíz. Pones el resto de la leche regular, la leche evaporada, azúcar y la sal en una cacerola- llevar a fuego medio. En la leche que separaste, agrégale 4 cucharadas de fécula de maíz, mezcla bien y échalo a la cacerola. Con un batidor de mano, mueve rápidamente hasta que esté espeso. Sí encuentras que no ha espesado...saca de nuevo un poco de esta mezcla y agrega 1 cucharada de fécula de maíz. Mezcla bien y se lo agregas a la cacerola agitando con el batidor manual (haz esto las veces que sea necesario). Retirar el fuego, tapar con plástico de cocina y guardar en la nevera.

La Fecula de Maiz:

La fécula de maíz es un espesante que se activa con altas temperaturas de calor. Notarán, que todas las recetas de rellenos que lleva este ingrediente no incluye las cantidades de fécula de maíz con exactitud, porque no se sabe realmente cuántas cucharadas se llevará para que quede perfecto para usar como relleno. Por eso, les recomiendo empezar con 3 cucharadas, y ir viendo si se necesita más. Claro, con el tiempo van aprendiendo cuántas terminan usando (ya que todo depende del clima donde estas haciendo el relleno, como también que tan fuerte el fuego de tu estufa es). Les recomiendo que lo apunten en este libro para que lo tengan al alcance para la próxima vez que hagan su receta.

Parte 6

Suspiro & Cubiertas

Suspiro Dominicano- Receta Firme

Ingredientes:

1 taza de agua

6 claras de huevos

3 tazas de azúcar granulada (menos 3 cucharadas de azúcar granulada-guardar aparte)

¼ cucharadita de sal

¼ cucharadita de cremor tártaro

1 cucharada de extracto (vainilla, almendra o mi preferido- pistacho)

Preparación:

En una cacerola poner las 3 tazas de azúcar con agua- mover hasta que la azúcar esté completamente humedecida y agregar el cremor tártaro, llevar a fuego medio-alto.

Mover con una cuchara de madera constantemente para que el azúcar no se pegue a la cacerola. Cuando empiece a hervir dejarlo hasta que lea en el termómetro de caramelo 240F. Si no tienes un termómetro, usa un tenedor para ver si está a punto de hilo.

Mientras el almíbar hierve y empieza a hacer burbujas grandes, pones a batir las claras de huevo en la máquina con el globo a toda velocidad. Echa las 3 cucharadas de azúcar en forma de lluvia a las claras. Cuando esté a punto de nieve, echa el almíbar en forma de un chorrito. Deja enfriar un poco mientras bate antes de agregarle la vainilla. El suspiro debe de hacer picos, el bol se sentirá tibio antes de parar la maquina.

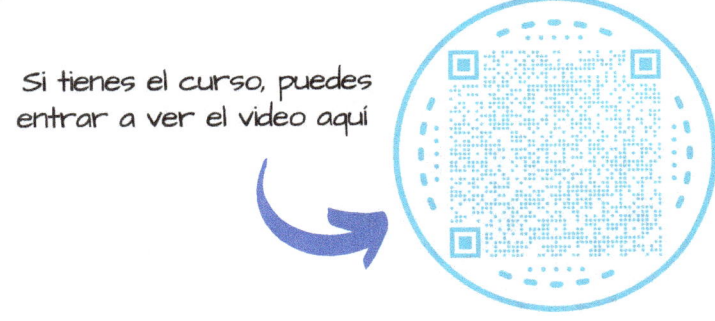

Si tienes el curso, puedes entrar a ver el video aqui

Suspiro Dominicano - receta normal

Ingredientes:

Agua (suficiente para mojar el azúcar)

½ taza de clara de huevos

2 tazas de azúcar granulada (menos 3 cucharadita de azúcar granulada- guardar aparte)

¼ cucharadita de sal

¼ cucharadita de cremor tártaro

1 cucharada de extracto (vainilla, almendra o mi preferido- pistacho)

Preparación :

En una cacerola poner las 2 tazas de azúcar con agua- mover hasta que la azúcar esté completamente humedecida y agregar el cremor tártaro, llevar a fuego medio-alto.

Mover con una cuchara de madera constantemente para que el azúcar no se pegue a la cacerola. Cuando empiece a hervir dejarlo hasta que lea en el termómetro de caramelo 240F. Si no tienes un termómetro, usa un tenedor para ver si está a punto del hilo.

Cuando el almíbar forme burbuja grandes, pones a batir las claras de huevo en la máquina con el globo a toda velocidad. Echa las 3 cucharadas de azúcar y la sal en forma de lluvia. Cuando esté a punto de nieve, echa el almíbar en forma de un chorrito. Deja enfriar un poco mientras bate antes de agregarle la vainilla. El suspiro debe de hacer picos, y el bol se sentirá tibio.

El suspiro dominicano es lo que llamamos al merengue italiano. Lo que lo hace dominicano, es el uso de nuestra vainilla.

Suspiro Dominicano - Media receta

Ingredientes:

Agua (suficiente para mojar el azúcar)

¼ taza de clara de huevos

1 ½ tazas de azúcar granuladas (menos 1 cucharada de azúcar-poner aparte)

Pizca de sal

Pizca de cremor tartar

1 cucharadita de extracto de vainilla dominicano

Preparación:

En una cacerola poner el azúcar, pizca de cremor tartar y echarle suficiente agua para cubrirlo. Llevar a fuego medio-alto y mover de vez en cuando mientras hierve.

Cuando el almíbar esté haciendo burbujas grandes, pones a batir a la velocidad máxima las claras de huevo con la cucharada de azúcar y la sal.

Al llegar el almíbar a punto del hilo, lo echas en forma de un chorrito fino a las claras mientras la máquina bate. El suspiro está cuando el tazón se sienta tibio y baja un poco de volumen. Agrégale la vainilla antes de apagar la máquina.

Consejo:

Aseguren que todo está libre de grasa antes de empezar hacer el suspiro. Usa vinagre para limpiar en el bol, la cacerola y todo lo que uses para hacer el suspiro y lavar bien antes de usar.

Si tienes el curso, puedes entrar aquí para aprender a lustrar un bizcocho con suspiro

Suspiro Dominicano - Segunda versión

Ingredientes:

1 taza de agua

6 claras de clara de huevos

2 tazas de azúcar granulada (menos 3 cucharadita de azúcar granulada-guardar aparte)

cáscara de limón ó ½ cucharada de jugo de limón

1 cucharada de extracto de vainilla ó almendra

Preparación:

En una cacerola, poner el azúcar, la cáscara (ó jugo de limón) y la taza de agua. Llevar a fuego alto y mover de vez en cuando mientras hierve. Cuando el almíbar esté haciendo burbujas grandes, pones a batir a la velocidad máxima las claras de huevo con las cucharadas de azúcar. Al llegar el almíbar a punto de hilo, saca la cascara de limón y echas el almíbar en forma de un chorrito fino a las claras mientras la máquina bate. El suspiro estará cuando el tazón se sienta tibio y baje un poco de volumen. Agrégale la vainilla antes de apagar la máquina.

Suspiro de Chocolate

Ingredientes:

8 cucharadas de 100% cocoa amarga en polvo

8 cucharadas de azúcar confeccionada

Mezclar la cocoa con la azúcar confeccionada y hacer el suspiro. Cuando ya el suspiro tenga consistencia, le agregas la mezcla de cocoa con azúcar poco a poco a velocidad bajita. Puedes usar vainilla negra enves de la blanca. En ocasiones le agrego una cucharadita de café, pero ya esto cambia de suspiro de chocolate a **Suspiro de Moca (Mocha).**

Merengue Frances

Ingredientes:

4 claras de huevos a temperatura ambiente

2 tazas de azúcar granulada

¼ cucharadita de cremor tártaro (opcional- pero es preferible para darle más estabilidad a los huevos en USA)

Preparación:

Poner las claras con el cremor tártaro en el tazón de la máquina a velocidad alta (#8) hasta que se haga espumosa.
Bajo la velocidad a media (#4) y comienzo agregar el azúcar poco a poco. Cuando termino de agregar todo el azúcar, vuelvo aumentar la velocidad a alto. Dejarlo batir hasta que se ponga firme y brilloso (unos 7 minutos).

Precaución:

El merengue francés usa los huevos crudos, y aunque los huevos sean frescos contienen bacterias como la Salmonella que pueden causar intoxicaciones alimenticias. Por lo tanto, en algunos estados de los Estados Unidos no permiten el uso de recetas como estas en negocios. Usa con precaución e infórmate sobre las leyes de tu estados/país. Yo solo uso esta receta para hacer merenguitos o lustrados en donde se llevará al horno. Si en alguna ocasión comiste un bizcocho con suspiro cremoso por dentro y tostado por fuera- esta es la receta.

Merengue Suizo

Ingredientes:

1 taza clara de huevo

2 tazas de azúcar granulada

2 cucharadas de vainilla

Preparación

Pones la clara de huevo y el azúcar a baño María. Con un batidor de mano mover con cuidado hasta que el azúcar se disuelva por completo.
Lleva a la batidora con la pieza de globo, batir hasta que el bol no esté caliente al tocarlo. Agrega la vainilla.

Crema de Merengue Suizo

Ingredientes:

Una receta de Merengue suizo

6 barras de mantequilla con sal, temperatura ambiental

4 cucharadas de vainilla negra

Preparación:

Cuando el merengue suizo esté hecho, comienza a echar la mantequilla en pedacitos, poco a poco. Y al final la vainilla. No se asusten cuando se vea muy líquido, continúa batiendo hasta que se forme en una crema. Otro truco es que si dura mucho en formarse, entra el bol al refrigerador por 15 minutos y bate de nuevo.

Variaciones:

Esta receta es riquísima. Y lo mejor de ella es que puedes combinarlo con diferentes sabores, aquí les comparto las que he hecho, pero no duden en tratar otras opciones.

Chocolate: Agregar la mitad de la receta de chocolate (pg. 43) poco a poco a velocidad media. Mezclar hasta que se incorpore bien.

Mantequilla de maní: Agregar media taza de mantequilla de maní a la crema suiza a velocidad media.

Almendra: Agregar 5 cucharadas de pasta de almendra, media cucharadita de extracto vainilla y media cucharadita de extracto almendra.

Fresa: Agregar 1 taza de mermelada de fresas (o cualquier sabor de frutas como melocotón, cerezas, parcha etc.)

Galletas: Pueden usar oreos, galletas Maria, galletas de caramelos o cualquier otra que te guste. Antes de agregarla, debes triturarlas.

Parte 7

Tus Recetas

RECETA

INGREDIENTES

PREPARACIÓN

Notas

RECETA

INGREDIENTES

PREPARACIÓN

Notas

RECETA

INGREDIENTES

PREPARACIÓN

_____

_____

_____

_____

_____

_____

_____

_____

_____

_____

_____

_____

_____

_____

_____

_____

_____

_____

_____

_____

_____

_____

_____

_____

_____

_____

_____

_____

_____

_____

_____

_____

_____

_____

_____

_____

_____

_____

Notas

RECETA

INGREDIENTES

PREPARACIÓN

Notas

RECETA

INGREDIENTES	PREPARACIÓN
_____	_____
_____	_____
_____	_____
_____	_____
_____	_____
_____	_____
_____	_____
_____	_____
_____	_____
_____	_____
_____	_____
_____	_____
_____	_____
_____	_____
_____	_____

Notas

RECETA

INGREDIENTES

PREPARACIÓN

Notas

RECETA

INGREDIENTES

PREPARACIÓN

_____

_____

_____

_____

_____

_____

_____

_____

_____

_____

_____

_____

_____

Notas

69

RECETA

INGREDIENTES	PREPARACIÓN

Notas

RECETA

INGREDIENTES

_____

_____

_____

_____

_____

_____

_____

_____

_____

_____

_____

_____

_____

_____

[ ]

[ ]

[ ]

PREPARACIÓN

_____

_____

_____

_____

_____

_____

_____

_____

_____

_____

_____

_____

_____

_____

_____

_____

_____

Notas

RECETA

INGREDIENTES

_____

_____

_____

_____

_____

_____

_____

_____

_____

_____

_____

_____

_____

_____

_____

_____

_____

PREPARACIÓN

_____

_____

_____

_____

_____

_____

_____

_____

_____

_____

_____

_____

_____

_____

_____

Notas

RECETA

INGREDIENTES

PREPARACIÓN

Notas

RECETA

INGREDIENTES

PREPARACIÓN

Notas

RECETA

INGREDIENTES

PREPARACIÓN

Notas

RECETA

INGREDIENTES	PREPARACIÓN
_____	_____
_____	_____
_____	_____
_____	_____
_____	_____
_____	_____
_____	_____
_____	_____
_____	_____
_____	_____
_____	_____
_____	_____
_____	_____
_____	_____
_____	_____

Notas

RECETA

INGREDIENTES

PREPARACIÓN

Notas

RECETA

INGREDIENTES	**PREPARACIÓN**

_____

_____

_____

_____

_____

_____

_____

_____

_____

_____

_____

_____

_____

_____

_____

_____

Notas

RECETA

INGREDIENTES

PREPARACIÓN

Notas

RECETA

INGREDIENTES	PREPARACIÓN

_____

_____

_____

_____

_____

_____

_____

_____

_____

_____

_____

_____

Notas

RECETA

INGREDIENTES

PREPARACIÓN

Notas

RECETA

INGREDIENTES

_____

_____

_____

_____

_____

_____

_____

_____

_____

_____

_____

_____

_____

_____

_____

_____

[ ]

[ ]

[ ]

PREPARACIÓN

_____

_____

_____

_____

_____

_____

_____

_____

_____

_____

_____

_____

_____

_____

_____

_____

Notas

RECETA

INGREDIENTES

PREPARACIÓN

Notas

RECETA

| |

INGREDIENTES

PREPARACIÓN

_____

_____

_____

_____

_____

_____

_____

_____

_____

_____

_____

_____

_____

_____

_____

_____

_____

_____

_____

[ ]

[ ]

[ ]

Notas

RECETA

INGREDIENTES

PREPARACIÓN

Notas

RECETA

INGREDIENTES

_____

_____

_____

_____

_____

_____

_____

_____

_____

_____

_____

_____

_____

_____

_____

_____

[ ]

[ ]

[ ]

PREPARACIÓN

_____

_____

_____

_____

_____

_____

_____

_____

_____

_____

_____

_____

_____

_____

_____

_____

_____

_____

Notas

RECETA

INGREDIENTES

PREPARACIÓN

_____

_____

_____

_____

_____

_____

_____

_____

_____

_____

_____

_____

_____

_____

_____

Notas

RECETA

INGREDIENTES

PREPARACIÓN

Notas

RECETA

INGREDIENTES

PREPARACIÓN

Notas

RECETA

INGREDIENTES

_____
_____
_____
_____
_____
_____
_____
_____
_____
_____
_____
_____
_____
_____

[ ]
[ ]
[ ]

PREPARACIÓN

_____
_____
_____
_____
_____
_____
_____
_____
_____
_____
_____
_____
_____
_____
_____
_____
_____

Notas

Index de Recetas

Index de Recetas

Index de tus Recetas

Sobre el autor

Cindy comenzó en el mundo de la pastelería creativa en el 2005. Sus trabajos han participado en programas norteamericanos y en catálogos de grandes empresas.

Estudió Administración de Negocios con la concentración en Restaurantes & Hospitalidad, Pastelería Creativa, Diseño Gráficos & Arte en Studio.

Ella vive en los Estados Unidos con su esposo Richard y sus hijos.

Libro - Recetario hecho para ti con mucho Cariño!

Aprenda más sobre el Bizcocho Dominicano & Domina el Suspiro con mi curso online!

Usa tu mobil para tomar una fotografía a esta imagen y te llevara a mi escuela virtual. Para un descuento de 65% usa el código libro021410

Mis redes sociales

@Cindyerod   CakeDominicano   www.cakedominicano.com

www.ingramcontent.com/pod-product-compliance
Lightning Source LLC
Chambersburg PA
CBHW082111120626

46553CB00011B/3626